29 Avril 1891

VENTE

Rosine Bloch

EN SON HÔTEL

36, rue du Général-Foy, 36

PARIS

CATALOGUE

DU

MOBILIER ARTISTIQUE

DES

TABLEAUX, AQUARELLES

MARBRES, BRONZES, OBJETS D'ART

BIJOUX

Brillants, Saphirs, Rubis, Perles, etc.

ARGENTERIE

Porcelaines, Faïences, Objets de vitrine, Grand Orgue de Cavaillé-Coll
Piano à queue d'Erard, Pianos droits de Pleyel
Instruments de musique, Partitions

AMEUBLEMENTS EN BOIS SCULPTÉ

STYLES RENAISSANCE ET LOUIS XIV

Meubles en bois doré

Sièges couverts en tapisserie et en velours

TRÈS BELLES TAPISSERIES

DE LA RENAISSANCE

Et des Époques Louis XIV et Louis XV

Tentures, Tapis d'Orient

DONT LA VENTE AURA LIEU

Après décès de Mlle ROSINE BLOCH, de l'Opéra

EN SON HOTEL

36, rue du Général-Foy, 36

**Les Mercredi 29, Jeudi 30 Avril, Vendredi 1er, Samedi 2
et Lundi 4 Mai 1891, à 2 heures**

Me JULES BONNIN
COMMISSAIRE-PRISEUR
59, rue de Châteaudun, 59

M. CHARLES MANNHEIM
EXPERT
7, rue Saint-Georges, 7

EXPOSITIONS

PARTICULIÈRE : *Le Lundi 27 Avril 1891, de 1 heure à 6 heures*
PUBLIQUE : *Le Mardi 28 Avril 1891, de 1 heure à 6 heures*

CONDITIONS DE LA VENTE

La vente sera faite au comptant.

Les acquéreurs payeront, en sus de leur adjudication, *cinq pour cent* applicables aux frais.

L'exposition mettant les acquéreurs à même de se rendre compte des objets vendus, aucune réclamation ne sera admise une fois l'adjudication prononcée.

Paris. — Imp. de l'Art, É. Ménard et Cie, 41, rue de la Victoire.

ORDRE DES VACATIONS

Le Mercredi 29 Avril 1891

Les Bijoux . . . . Nos 379 à 442

Le Jeudi 30 Avril 1891

Les Objets de vitrine . . . . — 174 à 209
L'Argenterie . . . . — 268 à 322
Garniture de toilette et Nécessaires. . . — 456 à 459

Les Vendredi 1er et Samedi 2 Mai 1891

Les Faïences, Porcelaines, Sculptures, Tableaux, Émaux, Bronzes d'art et d'ameublement, Sièges, Meubles, Étoffes, Pianos.

Le Lundi 4 Mai 1891

Les Tapisseries, les Tentures, les Tapis, les Meubles, l'Orgue, les Appareils d'éclairage au gaz, etc., en général tous les objets devant être vendus sur place.

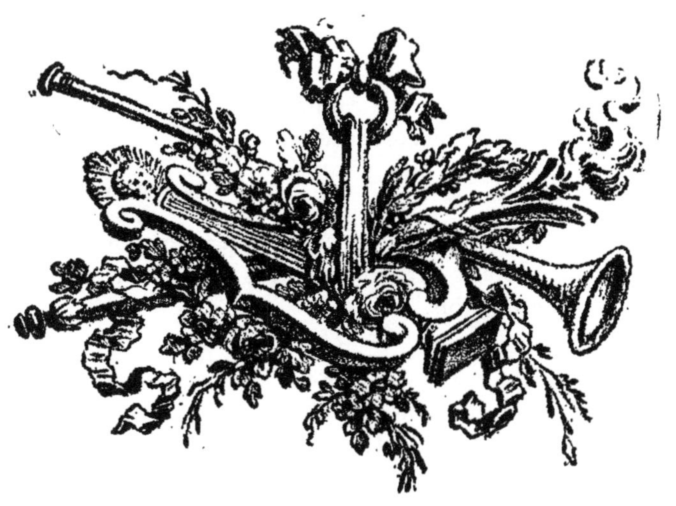

DÉSIGNATION DES OBJETS

GRAND VESTIBULE D'ENTRÉE

REZ-DE-CHAUSSÉE

1 — Grande banquette formant coffre en chêne, de style gothique, décorée de quatorze petits panneaux du xve siècle, à fenestrages et meneaux flamboyants, séparés par des colonnettes. Le dossier est surmonté de clochetons, fleurons et crochets.

Long., 2 m. 25 cent.

2 — Coffre à façade composée de trois panneaux du xve siècle, à fenestrages gothiques, encadrés de colon-

nettes imbriquées et à cannelures en spirale. Des serviettes repliées décorent les côtés.

Long., 1 m. 10 cent.

3 — Table carrée, à allonges en noyer, de style Renaissance, portant sur quatre pieds en balustres reliés par un croisillon.

4 à 7 — Huit chaises, style Renaissance, à dossiers triangulaires, sculptés en bas-reliefs et offrant des scènes de l'Ancien Testament. Coussins en drap rouge.

8 à 11 — Quatre fauteuils, forme dite caquetoire, à dossiers sculptés de fleurons et d'entrelacs. Coussins en drap rouge.

12-13 — Deux grandes stalles en chêne sculpté, de style gothique, offrant, sur la face du siège, qui forme coffre, et sur le dossier, des panneaux du xve siècle, à fenestrages et meneaux flamboyants.

Haut., 2 m. 20 cent.

14 — Chaise en noyer, à traverse de dossier creusée de canaux et montants feuillagés, style Renaissance. Coussin en drap.

15 — Portemanteaux en chêne, avec glace.

16 — La Musique personnifiée par une jeune fille drapée, chantant et s'accompagnant sur la mandoline. Statue, grandeur nature, de marbre blanc, par *Carrier-Belleuse*

Haut., 1 m. 65 cent.

17 — GRANDE JARDINIÈRE en stuc, à milieu cintré en ressaut, servant de piédestal à la statue qui précède.

18 — DEUX LANTERNES carrées en fer forgé, à enroulements et fleurons, de style italien, aménagées pour l'éclairage au gaz et suspendues à la crosse d'une tige adaptée au mur par deux appliques feuillagées en bronze.

Haut., 1 m. 60 cent.

19 — DEUX GRANDES PORTIÈRES en serge rouge, garnies de franges vertes à houppes et drapées à l'italienne, avec une cordelière verte, à glands.

Haut., 3 m. 40 cent.

20 — BANDEAU (au-dessus de ces portières), en belle tapisserie de l'époque Louis XIV, très fine, à riche motif de fleurs, de fruits et de dauphins.

Longueur, environ 2 m. 30 cent.

21 — DÉCORATION de la baie, au pied de l'escalier, composée de portières et de bonnes grâces en serge rouge avec franges et cordelières vertes.

Haut., 3 m. 10 cent.

22 — GRAND BANDEAU de tapisserie Louis XIII, à rinceaux et ornements en grisaille sur champ bleu.

Long., 2 m. 90 cent.

23 — BELLE TAPISSERIE Renaissance, représentant un groupe de cinq figures portant de somptueux costumes du temps de Louis XII; trois dames d'honneur font de la musique devant un souverain et une souveraine

à manteaux d'hermine, assis dans la campagne, une draperie fleuronnée suspendue derrière eux à une branche d'arbre. Bordure composée de tiges d'églantines et de grappes de raisin.

Haut., 2 m. 70 cent.; larg., 1 m. 80 cent.

24 — Tapis persan, petit dessin sur fond rouge, avec bordure de cinq bandes, à fonds variés.

25 — Carpette orientale, à dessins géométriques sur fond bleu et bordure fond jaune.

26 — Grande jardinière ronde en faïence italienne moderne, à mascarons en manière d'anses, décorée de rinceaux en camaïeu jaune sur fond bleu.

ESCALIER

27 — Portière en tapisserie de la Renaissance, divisée en deux registres à nombreux personnages en riches costumes du xve siècle; scènes de fiançailles, avec bordure faite d'un feston de feuilles et de fleurs sur fond bleu.

Haut., 3 m. 25 cent.; larg., 1 m. 65 cent.

28 — Tapisserie de la Renaissance représentant des branches de fleurs, des plantes aquatiques, un perroquet, des fruits; avec bordure à petites figures, groupes de fruits, cartouches, etc.

Haut., 2 m. 80 cent.; larg., 1 m. 90 cent.

29 — Panneau en broderie de laines et de soies de l'époque

Louis XIII, représentant un ange apparaissant à un personnage assis dans un parc décoré de fontaines.

Haut., 1 m. 90 cent.; larg., 3 m. 5 cent.

30 — Piédestal en chêne, décoré sur trois faces de panneaux sculptés de l'époque Louis XIV.

Haut., 70 cent.

31 — Jardinière en faïence italienne à décor polychrome, genre Castelli, représentant Apollon et les Muses.

32 — Deux colonnes torses entourées de pampre, formant torchères. Époque Louis XIII.

Haut., 1 m. 35 cent.

33 — Lampe à gaz en cuivre ajouré.

34 — Curieuse tapisserie de la Renaissance offrant, au milieu d'un fouillis de grandes feuilles enroulées, de gerbes de fleurs et d'oiseaux, deux figures vêtues à l'antique, une femme jouant du violon et un homme tenant un cor. Large bordure composée de figures d'enfants jouant de divers instruments, d'oiseaux, de fruits et de branchages.

Haut., 2 m. 80 cent.; larg., 2 m. 50 cent.

35 — Tapis chemin composé de quatre carpettes, haute laine, d'Orient, juxtaposées bout à bout.

36 — Carpette fond bleu avec bordure.

37 — Tapis chemin, composé de trois carpettes d'Orient, haute laine, bout à bout.

PALIER DU PREMIER ÉTAGE

38 — Belle et très intéressante tapisserie de la Renaissance, comprenant une vingtaine de figures en somptueux costumes du xve siècle, distribuées en plusieurs groupes : Dame assise sur une stalle gothique, ayant devant elle une autre dame en manteau d'hermine, le front ceint d'un diadème fleurdelisé ; au-dessus, une cérémonie de fiançailles, etc., etc. Bordure composée de guirlandes de fleurs et de fruits liées par des rubans, fond bleu.

Haut., 3 m. 25 cent.; larg., 3 m. 15 cent.

39 — Fragment d'une tapisserie Louis XIV, représentant la famille de Darius.

Haut., 2 m. 20 cent.; larg., 1 m. 25 cent.

40 — Portière en tapisserie du xviie siècle, figure allégorique : la Nuit, avec lés, sur les côtés, de velours marron clair.

Haut., 3 m. 55 cent.

41 — Coffre à bois tendu de velours rouge et décoré de deux petits panneaux d'ancienne tapisserie; l'un sur la face, représentant un chien ; l'autre sur le couvercle, un lapin.

Haut., 68 cent.; larg., 55 cent.

42 — Console en bois sculpté, à ceinture de volutes et de guirlandes, reposant sur deux pieds contournés

avec bouquet dans l'entredeux, style Louis XIV. Tablette rectangulaire garnie de velours rouge.

Haut., 96 cent.; larg., 85 cent.

43 — Groupe en terre cuite, de Carpeaux : la Danse et la Folie.

Haut., 1 mètre.

44 — Lanterne en fer forgé, pareille à celles du vestibule, nº 18.

45 — Petit lustre à corps ovoïde ajouré et à quatre becs, pour l'éclairage au gaz, en fer forgé.

46 — Deux chaises en noyer sculpté, à décor de rinceaux, entrelacs et feuillages, style Louis XIII, avec siège en velours marron clair, décoré d'un bouquet en tapisserie au point appliquée.

47 — Tapis oriental à trois losanges, fond blanc, chargés d'ornements et ressortant sur fond rouge avec triple bordure, fonds jaune, bleu et blanc.

Long., 3 m. 90 cent.

ESCALIER

DU PREMIER ÉTAGE AU SECOND

48 — Tapisserie de la Renaissance à figures de musiciens comme sujet principal et à bordure de motifs de feuil-

lages et de fruits. Elle est analogue à celle inscrite sous le n° 34.

Haut., 2 m. 75 cent.; larg., 3 m. 25 cent.

49 — STATUETTE de Sainte Cécile, en bronze, de *Auguste Dumont, 1830.*

Haut., 65 cent.

50 — PANNEAU en tapisserie de la Renaissance : combat d'animaux dans un enchevêtrement de plantes à larges feuilles denteiées et de buissons fleuris, avec des maisons dans l'éloignement.

Haut., 2 m. 20 cent.; larg., 2 m. 35 cent.

51 — TAPIS chemin recouvrant les marches, composé de sept carpettes orientales de dessins variés, mises bout à bout.

PALIER DU SECOND ÉTAGE

52 — LANTERNE carrée en fer pareille à celles inscrites sous les nos 18 et 44.

53 — TAPISSERIE du XVIe siècle représentant une femme et deux enfants se prosternant devant un roi costumé à l'antique. Bordure fond blanc à figures allégoriques et bibliques, motifs d'architecture, fleurs et ornements.

Haut., 2 m. 60 cent.; larg., 2 m. 50 cent.

54 — COFFRE Renaissance offrant sur la façade six pan-

neaux sculptés en bas-relief à figures d'apôtres placées sous des niches ; le couvercle est garni de velours rouge frappé.

Larg., 1 m. 50 cent.

55 — Bahut flamand en bois sculpté, ouvrant à quatre vantaux ornés de mascarons de fruits et de rinceaux ; des cariatides sont adossées aux montants et à l'entre-deux. xviiie siècle.

Haut., 1 m. 18 cent.; larg., 1 m. 35 cent.

56 — Siège en forme de caquetoire en noyer sculpté ; avec coussin en drap bleu.

57 — Grand coffre en bois sculpté offrant sur la face, en bas-relief : la Salutation angélique, la Nativité et l'Adoration des Mages.

Long., 1 m. 55 cent.

58 — Bibliothèque en palissandre à angles arrondis et cannelés, à corniche surmontée d'un cartouche et à deux portes vitrées.

59 — Table a jeu en palissandre sculpté. Style Louis XVI.

60 — Tapis d'ancienne soie bleue broché blanc, entouré d'un bandeau Renaissance, brodé sur soie rouge.

61 — Tapis oriental à dessins géométriques sur fond bleu et bordure fonds rouge et blanc.

62 — Deux grands vases en forme de balustres en céladon gris craquelé avec décor à mandarins en bleu sur émail blanc.

Haut., 60 cent.

ESCALIER

DU DEUXIÈME ÉTAGE AU TROISIÈME

63 — Tapis chemin, composé de trois carpettes orientales.

64 — Autre, fond bleu et bordure rouge entre deux bandes à fond blanc.

65 — Tapis fond rouge à bordure composée de six bandes ornées.

66 — Tapisserie du xvie siècle, représentant le Char de la Victoire traîné par des bœufs enguirlandés et suivi de licteurs.

Haut., 2 m. 70 cent.; larg., 3 m. 40 cent.

PETIT SALON

PREMIER ÉTAGE

67 — Belle et intéressante tapisserie de la Renaissance à sujet de chasse : seigneur en costume du xve siècle,

armé d'une pique et sonnant de la trompe ; à ses côtés une dame et un autre personnage. Devant, une meute de chiens poursuivant un cerf; au fond, la mer avec des tritons, des phoques. Cette tapisserie encadrée de velours marron forme portière.

Hauteur de la tapisserie, 2 m. 60 cent.; larg., 2 m. 20 cent.

68-69 — Deux beaux panneaux étroits en hauteur en tapisserie de Bruxelles du XVIIe siècle à sujets d'après-Teniers : le Joueur de vielle et le Joueur de cornemuse, avec bordures à coquilles, feuillages et ornements simulant des cadres dorés.

Haut., 3 m. 5 cent.; larg., 1 m. 5 cent. et 1 m. 15 cent.

70 — Écran de foyer en bois sculpté et doré, style Louis XVI, avec jolie feuille en tapisserie flamande d'après Teniers, représentant des villageois et un joueur de flûte assis sur un âne.

Haut., 1 m. 16 cent.; larg., 75 cent.

TABLEAUX, AQUARELLES

71 — **De Penne** (Ol.). Le Rendez-vous de chasse. Aquarelle en forme d'éventail. Signée.

72 — **Brown** (John-Lewis). Charrette anglaise et cavalier. Aquarelle en forme d'éventail. Signée.

73 — **Pradilla**. Vue de Capri. Tableau signé et daté 1874.

74 — **Rico**. Torrent dans les Alpes. Aquarelle.

75 — **Giacomotti** (1862). Une Source et l'Amour. Tableau.

76 — **Dupray** (H.). Hussard, 1830. Tableau.

77 — **Dupray** (H.). Grenadier. Tableau.

78 — **Dupray** (H.). État-major. Tableau.

79 — **Gudin** (H.). Marine. Tableau.

80-81 — Quatre plats en émail cloisonné du Japon, variés de décor.

82-83 — Deux plats formant coupes, à décor d'oiseaux et de fleurs, en émail cloisonné, de chez *Barbedienne*.

84 — Grande garniture de cheminée, pendule et candélabres en bronze ciselé et doré, à figures de bronze patiné, style Louis XV, de la maison *Raingo*, à Paris.

85 — Deux lampes en bronze noir de style chinois, montées sur vases cylindriques en émail cloisonné du Japon, incrustées de plaquettes finement décorées en poterie de Satzuma.

86 — Galerie de foyer en bronze, à figures d'enfants

symbolisant la Musique et la Peinture. Elle est de même style que la garniture nº 84.

87 — PAIRE DE FLAMBEAUX à cannelures et feuillages. Style Louis XVI.

88 — DEUX PETITES CONSOLES-APPLIQUES en bronze, de style oriental, à patine noire.

89 — STATUETTE de danseuse orientale, en bronze, de *Bourgeois*.

Haut., 55 cent.

90 — STATUETTE, la Musique, de *Delaplanche*, en bronze, de chez Barbedienne.

Haut., 55 cent.

91 — LE CHANTEUR FLORENTIN, de *Paul Dubois*, bronze de chez *Barbedienne*.

Haut., 77 cent.

92 — LA DANSEUSE AU TAMBOUR DE BASQUE, par *Clésinger*, bronze de *Barbedienne*.

Haut., 86 cent.

93 — PETIT LUSTRE en bronze, à douze lumières, garni de cristaux.

94 — DEUX LAMPES modérateurs de chez *Gagneau*, montées sur bouteilles en faïence de Delft, décorées en bleu.

95 — DEUX GRANDS VASES en faïence artistique émaillés verts et zébrés d'émaux de couleurs.

96 — Petite table-étagère en bois noir gravé avec plaques de faïence émaillée.

97 — Support-trépied en bois noir.

98 — Deux tables-supports carrés, en bois de fer, décorées d'incrustations de bois et d'ivoire. Travail du Tonkin.

99 — Petite table a ouvrage sur pieds contournés, décorée au vernis genre Martin, de sujets Watteau et d'attributs sur fond d'or.

100 — Petite table réniforme en bois laqué à décor dans le goût chinois, avec fleurs et oiseaux rapportés en poterie.

101 — Bureau plat en palissandre avec pieds sculptés et gravés reliés par une arcature, style Renaissance ; dessus en drap bleu.

102-103 — Deux fauteuils, style Renaissance, en noyer à dossier et accoudoirs sculptés ; sièges couverts en tapisserie au point.

104 — Grande chaise à dos rectangulaire revêtue de peluche et garnie, sur le siège et le dossier, de tapisserie allemande à armoiries et fleurs, portant la date 1643.

105-106 — Deux tabourets carrés en noyer, à pieds tournés et croisillon, couverts en velours marron clair et ornés de bandes d'ancienne tapisserie à festons d'œillets sur fond rouge.

107 — Grand canapé capitonné en velours rouge frappé à fleurs et quadrillages, avec têtière en ancienne broderie de soies sur filet.

108 — Petit paravent à deux feuilles, garni de peluche havane et d'étoffe japonaise à rosaces.

109 — Deux grands rideaux de velours rouge frappé à quadrillages et fleurettes, avec lambrequin festonné.

Haut., 3 m. 70 cent.

110 — Store de soie blanche avec franges.

111 — Tapis couvrant la pièce, en moquette à grands ramages sur fonds rouge et noir.

5 m. 60 cent. sur 3 m. 90 cent.

GRAND SALON

112 — Suite de quatre charmantes petites tapisseries de l'époque Louis XIV, représentant, dans le style de Bérain, sous des édicules à colonnettes fuselées, décorés de dais, de guirlandes, de rubans ondulés et d'attributs divers, des scènes de danseurs de cordes et d'acrobates ; des personnages orientaux conduisant un chameau et des fauves ; la reine de Saba aux pieds de Salomon ; des paons et des vases de fleurs, etc. Ces

tapisseries à fond jaune dans un encadrement de palmettes sur fond rouge sont d'un coloris très vif, d'une ordonnance et d'un effet très décoratifs. Elles ont été réparées il y a une dizaine d'années.

Haut., 2 m. 52 cent.; larg., 1 m. 90 cent. et 1 m. 40 cent.

113 — Écran de cheminée en bois sculpté et doré de style Régence, avec feuille en tapisserie de l'époque Louis XIV, d'une élégante ornementation à vase de fleurs sous un dais, dans un gracieux encadrement de rinceaux, de festons et de rubans, fond blanc.

Haut., 1 m. 22 cent.; larg., 80 cent.

114 — Belle tapisserie du xviie siècle : Tobie rendant la vue à son père, sujet composé de nombreuses petites figures groupées à la porte d'une habitation ; fonds de paysage ; bordure de rinceaux feuillagés sur fond jaune. Cette tapisserie est entourée de bandes de velours et forme portière.

Haut., 3 m. 50 cent.; larg., 3 m. 40 cent.

115 — Marbre blanc. Gracieuse statuette : la Poésie lyrique personnifiée par une Muse, demi-nue, assise, les jambes drapées et accordant une lyre.

Haut., 80 cent.

116 — Deux grands vases en porcelaine, genre Sèvres, décorés de figures mythologiques, de bacchantes dans des paysages et d'attributs champêtres ; fond gros bleu avec rehauts d'or. Monture en bronze doré de style Louis XVI. Deux lampes de *Gagneau* s'adaptent sur ces vases.

117 — Deux candélabres formés chacun d'un groupe de deux enfants en biscuit de Sèvres soutenant des cornes d'abondance d'où émergent des porte-bougies en bronze doré ; les groupes sont élevés sur des piédestaux en porcelaine de Sèvres (1879), émaillés gros bleu et relevés de filets d'or.

118 — Deux flambeaux de piano à tiges mobiles.

119 — Deux chenets en bronze doré : lions en regard, sur des socles à rinceaux contournés et feuillages dans le style de la Régence.

120 — Lion assis, bronge de *Barye*, épreuve ancienne munie d'une belle patine.

Haut., 36 cent.

121 — Deux petits vases en émail cloisonné de la Chine, à décor de fleurs et de papillons sur fond bleu.

122 — Vase en terre rouge de Boccaro simulant une corbeille de jonc à couvercle surmonté d'une figurine d'enfant chinois assis.

123 — Statuette de divinité boudhique en très ancien bronze frotté d'or ; la main levée pour bénir, elle est debout sur une fleur de lotus.

124 — Console-applique de bois doré à tablette cintrée supportée par un satyre.

125 — Groupe en bois sculpté, composé de deux guer-

riers costumés à l'antique, d'un vieillard et de deux enfants auprès d'un arbre. Socle de rocailles. Travail allemand du XVIIIe siècle.

126 — Bouteille côtelée et émaillée violet avec dragon couleur turquoise grimpant sur l'épaulement. Faïence de *Deck*.

127 — Grand vase à fleurs en forme de gobelet à piédouche, en faïence italienne à décor polychrome, genre Castelli, de médaillons à figures mythologiques, d'amours et de fleurs.

128 — Coupe à deux anses, décorée de pampres en relief, par Sevin (1866), bronze de la maison *Barbedienne*.

129 — Deux coupes côtelées et couvertes sur pieds à griffes de lion, bronze en partie doré et en partie argenté. Socles en marbre.

130 — Deux cornets à fleurs en émail cloisonné et pieds en bronze doré, de chez *Barbedienne*.

131 — Vase à fleurs de forme ovoïde, en verre vert, décoré de fleurs et d'oiseaux en émaux de couleur; socle à boules de bronze.

132 — Cornet de forme chinoise, quadrilatérale et à renflement médian, en verre incolore.

133 — Chat en bronze, décoré au naturel.

134 — ENCRIER avec perruche.

135 — VASE en porcelaine de Sèvres (1889) émaillée vert camélia, avec bordure d'ornements en dorure.

136 — DEUX LAMPES de chez *Gagneau*, montées sur bouteilles en faïence d'art, à cols cylindriques semés de fleurons, rouge et or, sur fond bleu marbré et à corps quadrilatéraux décorés d'oiseaux et de fleurs sur fond blanc; socle en bronze doré. Style Louis XVI.

137 — BELLE TABLE-CONSOLE de style Louis XIV en bois sculpté et doré, sur pieds contournés à volutes, décorée de mascarons, de fleurs, de rinceaux feuillus, d'entrelacs et de quadrillages. Tablette en marbre brèche, jaune et rouge.

Long., 1 m. 45 cent.

138 — BELLE TABLE-CONSOLE de style Louis XIV en bois sculpté et doré, d'une élégante ornementation composée d'entrelacs, de coquilles et de fleurs; elle est supportée par quatre pieds carrés et évidés, reliés par des traverses contournées supportant un brûle-parfums.

Long., 1 m. 35 cent.

139 — PETIT GUÉRIDON à tablette ronde, habillée de tapisserie au point et supportée par un trépied en fer tordu en vrille.

140 — GRAND CHEVALET A TABLEAU, en chêne, tendu, d'étoffe rouge.

141-142 — JARDINIÈRE en terre émaillée rouge et flambée d'or et un socle-support en bois de chêne, de style chinois.

143 — JARDINIÈRE en faïence italienne à décor polychrome, genre Castelli, représentant Apollon sur son char.

144 — SUPPORT en chêne de style chinois semblable au n° 142.

145 — PETITE TABLE à deux tablettes, garnies de peluche grenat et de franges et supportées par quatre cariatides de femme, en noyer sculpté.

146 — PIANO A QUEUE, en palissandre, d'*Érard*, n° 51225.

147 — GRAND TAPIS, couvrant le piano, en satin de Chine groseille, entièrement brodé en soie de couleurs, de festons de fleurs, d'oiseaux et de papillons. Il est bordé d'une frange à grilles en soie de plusieurs couleurs.

148 — TABOURET DE PIANO à quatre pieds cannelés et croisillon en palissandre, avec siège capitonné en peluche marron clair.

149 — CASIER A MUSIQUE, à tiroir et pupitre en laque noir et or, à décor pseudo-chinois.

150 — LUSTRE en bronze doré de style Louis XIV, à branches supportées par des cariatides de femmes

ailées. Il est garni de cristaux taillés : pyramides, étoiles, pendeloques, cordons de perles, boule à facettes.

151 — Deux appliques à cinq lumières chaque, allant avec le lustre qui précède.

152 — Deux bras de mur à cinq lumières chaque, analogues aux précédents.

153-154 — Deux petits canapés Louis XVI en bois sculpté et doré, recouverts en tapisserie d'Aubusson du XVIIIe siècle, montrant sur les dossiers des divinités de la Mythologie, et sur les sièges des scènes d'animaux empruntées aux Fables de La Fontaine.

Long., 1 m. 25 cent.

155 — Petit canapé de forme Louis XV, en bois doré, recouvert en tapisserie ancienne au petit point, représentant des figures de danseuses et de musiciens placées entre des arbustes fleuris sur fond blanc et encadrées d'ornements multicolores.

Long., 1 m. 45 cent.

156-157 — Deux fauteuils crapauds garnis intérieurement de velours de Gênes à bouquets de fleurs en plusieurs couleurs sur fond crème, et extérieurement de peluche mordorée, avec franges assorties à petites houppes multicolores.

158-159 — Quatre chaises de style Régence en bois sculpté et doré, à dossiers en arcades, recouvertes en velours de plusieurs couleurs et variés de dessin.

160 — Deux chaises de style Louis XVI en bois doré, dossiers à colonnettes, panaches et rubans, couvertes en damas bouton d'or.

161-162 — Deux grands fauteuils en X en bois sculpté, de style Renaissance, avec dorsaux de velours grenat décorés de broderies et d'applications, et fixés à des tringles de cuivre passées dans la gueule des lions qui terminent les montants. Coussins de peluche grenat avec franges.

163 — Petit canapé et quatre grands fauteuils confortables, capitonnés en velours rouge à quadrillages et fleurettes. Ces sièges avec le canapé inscrit sous le n° 107 forment un meuble de salon.

164 — Quatre grands rideaux de croisée avec lambrequins festonnés, velours pareil à celui des sièges qui précèdent et à la décoration de la fenêtre du petit salon n° 109.

Haut., 3 m. 70 cent.

165 — Deux grands stores en soie blanche, bordés au bas d'une frange à grille assortie.

166 — Grand coussin de velours grenat à armoiries et festons de fleurs, d'ancienne broderie de soies de couleurs et de fils d'argent à reliefs.

167 — Grand coussin de velours grenat, décoré d'un vase de fleurs et d'oiseaux en broderies de soies multicolores du XVIIe siècle réappliquées.

168 — Deux coussins en velours, décorés d'anciennes broderies, soie et argent, réappliquées.

169 — Deux petits coussins, peluche verte et broderie mécanique.

170 — Deux coussins en tapisserie au point, représentant un Gondolier.

171 — Tapis du grand salon, en moquette, à ramages Louis XIV sur fonds noir et rouge.

Environ 8 mètres, sur 5 m. 50 cent.

172 — Meuble-vitrine de milieu, à cage en bois doré à dôme décoré de figurines d'enfants et de fleurs et surmonté d'un panache. Les tablettes sont garnies de peluche grenat. Travail italien.

173 — Table-étagère recouverte de peluche, avec dessus en tapisserie au point.

OBJETS DE VITRINE

174 — Encrier en forme d'embarcation égyptienne, décoré de divinités en bas-relief et en ronde bosse, argent ciselé et partiellement doré.

175 — Nécessaire en ancien émail de Saxe, à motifs d'architecture, figures et insectes, peints en couleurs sur fond blanc.

176 — Boîte rectangulaire en ancien émail de Saxe, finement décorée de scènes galantes, concerts champêtres, etc., avec, à l'intérieur du couvercle, une figure de musicienne.

177 — Boite ronde en porphyre rouge d'Orient, ornée sur le couvercle d'une ancienne mosaïque de Rome, très fine, représentant la statue équestre de Marc-Aurèle.

178 — Ivoire. Plaque cintrée et représentant en bas-relief la Vierge, l'Enfant Jésus et deux anges. Style allemand du XVe siècle.

179 — Ivoire. Diptyque à figures de saints en bas-relief. Travail moderne.

180 — Bronze. L'Enfant à l'oie, figurine, de chez Barbedienne.

181 — Éventail Louis XV, monture en ivoire ajouré avec ornements en couleurs et dorure, feuille à la gouache représentant l'Enlèvement d'Europe.

182 — Bel éventail Louis XVI; monture de nacre relevée de dorure et feuille peinte à la gouache, représentant Vénus remettant à Énée les armes forgées par Vulcain.

183 — Flacon a parfums quadrangulaire en cristal, sous un revêtement d'or découpé à jour, à figurines d'amours et rinceaux Louis XV.

184 — Jolie montre formant cachet, en forme de lyre, en or émaillé rubis, enrichie de demi-perles.

185 — Épingle de cravate en or, en forme de cadenas, portant la devise : « Garde la clef », et dont la face présente une miniature grisaille attribuée à De Gault: Jeune Fille déposant une couronne sur l'autel de l'amour. Époque Louis XVI.

186 — Collier composé de plaquettes fleuronnées en filigrane d'argent doré, reliées par des cordons de perles couleur grenat.

187 — Petite lorgnette ancienne en cuivre doré, à pourtour décoré au vernis de sujets de chasse en noir sur fond jaune.

188 — Flacon a parfums en cristal incolore, monté en argent ajouré et doré; le bouchon est ceint d'une bague en jaspe sanguin.

189 — Étui Louis XVI en argent découpé à jour et doré, à motifs de fleurs et d'arabesques; le couvercle est enrichi d'une peinture sur émail : Emblèmes de l'Amour.

190 à 195 — Six médaillons ornés de peintures sur émail en des encadrements d'argent doré, enrichis de pierres de couleurs et de perles. Style Louis XVI.

196 — Deux pendants d'oreilles en argent doré avec miniatures : Amours peints en grisaille et encadre-

ment à pendeloques enrichis de demi-perles et pierres de couleurs.

197 — Corbeille ovale à deux anses, ornée de fleurettes peintes et en relief, en porcelaine de Saxe.

198 — Petit vase ovoïde élevé sur trois pieds, et décoré de paysages, porcelaine de Dresde.

199 — Tasse droite, couvercle et soucoupe, fond gros bleu et médaillons, représentant des divinités de la fable. Saxe.

200 — L'Asie personnifiée par une souveraine montée sur un éléphant. Saxe moderne.

201 — Figurine : Berger tenant des fleurs de chaque main. Vieux Saxe.

202 — Le Joueur de cornemuse. Saxe.

203 à 206 — Huit figurines en ancienne porcelaine décorée, de Saxe et d'Allemagne : Acteurs, musiciens, le dieu Pan, etc.

207 — Soubrette endormie. Saxe moderne.

208-209 — Sept figurines : Polichinelle, Arlequin, Pierrot, Pierrette, Colombine, etc., en porcelaine décorée et relevée de dorure, genre Saxe.

SALLE A MANGER

210 — CHARMANT PANNEAU en tapisserie d'Aubusson, de l'époque Louis XV, à sujet dans le goût de Leprince : la Comédie en plein vent. Treize spectateurs, bergers, bergères et enfants, devant un théâtre, abrité d'une grande draperie accrochée aux branches des arbres. Sur la scène, un Turc montrant un écriteau, Arlequin, Pierrot, un escamoteur assis sur une table et une femme lui présentant ses appareils de physique. Les fonds sont occupés par des massifs de verdure d'une tonalité bleuâtre.

Haut., 2 m. 85 cent. ; larg., 2 m. 70 cent.

211 — MONTANT DE TAPISSERIE de la Renaissance, représentant des cerfs et des tigres dans un paysage boisé avec bordure formée d'un tore de feuilles et de fleurettes entortillé de rubans.

Haut., 2 m. 85 cent.; larg., 50 cent.

212 — MONTANT en tapisserie de l'époque Louis XIII, cartouches, enroulements, dauphins, fleurs et fruits.

Haut., 3 m. 40 cent.; larg., 85 cent.

213 — ENCADREMENT D'UNE BAIE formé d'un bandeau et de deux montants en belle tapisserie du XVIIe siècle, offrant des cariatides de femmes, des guirlandes de fleurs, des écureuils, des serpents, etc.

Hauteur des montants, 3 m 50 cent.
Largeur du bandeau, 3 m. 60 cent.

214 — Deux panneaux en hauteur, de tapisserie Renaissance, représentant des cerfs dans un parc clos de branches tressées autour de pieux.

Haut., 2 m. 70 cent.; larg., 1 m. 5 cent.

215 — Bandeau de cheminée en application de soies jaune et blanche soutachées de cordonnet, sur fond rouge.

216 — Tapis de table en velours marron, entouré d'un bandeau en tapisserie du xviie siècle, à rinceaux en grisaille sur fond bleu. Environ 6 mètres de bordure.

217-218 — Deux grands buffets-dressoirs, de style Renaissance, en noyer sculpté; le bas, à tiroirs godronnés et à trois portes encadrées de colonnes engagées et décorées de mascaron, de dauphins et de cabochons en des compartiments encadrés de moulures. Le corps supérieur, supporté par des balustres ornés, est également à trois vantaux, offrant des salamandres et des mufles de lions, et surmontés d'un entablement portant sur des colonnes géminées.

Haut., 2 m. 30 cent.; long., 2 mètres.

219 — Grande table rectangulaire en noyer, de style Renaissance, à cinq allonges et demie, se reposant sur quatre colonnes cannelées, à bases feuillagées et sur une arcature, élevées sur entretoise.

220 — Douze chaises en noyer, style Renaissance, pieds cannelés, dossiers sculptés, à rinceaux et fleurons; sièges recouverts en tapisserie, à petites figures allégo-

riques encadrées de termes, de guirlandes, de pentes de fruits et d'ornements Renaissance.

221 — Deux chaises d'un modèle différent, aussi garnies en tapisserie.

222 — Table de style Renaissance, supportée à chaque extrémité par un pilier cannelé en spirale et par deux colonnettes reposant sur un patin. Les deux piliers sont reliés par une arcature.

223 — Deux candélabres à cinq lumières chaque, en fer forgé, à tige tordue en spirale et décor de feuilles et de fleurettes.

224 — Landier, pelle et pincettes en fer forgé. Style Renaissance.

225 — Grande suspension de salle a manger en bronze, de style Renaissance, avec lampe modérateur et couronne à double rang de bougies.

Elle sort de la maison *Gagneau*.

226 — Statuette en bronze argenté : Jeune Fille drapee à l'antique, assise sur un fût de colonne, et essayant la pointe des traits de l'Amour. Plinthe en marbre griotte, à gorge, garnie de baguettes de cuivre.

Haut., 68 cent.

227 — Deux grandes lampes Carcel, montées sur des vases en bronze partiellement dorés et argentés, à décor de bacchanales d'enfants, d'après Clodion.

228 — Tapis de la salle à manger, semblable à ceux des deux salons.

6 m. 25 cent. sur 4 m. 90 cent.

229 à 234 — Douze compotiers à décor d'oiseaux et de fleurs, en émaux de la famille verte, avec rehauts d'or. Vieux Chine.

235 — Plat long et octogone, à figures et ornements. Vieux Chine, famille verte.

236 — Trois assiettes à décor d'oiseaux et de branches de pêcher sur un kakémono entouré de pivoines et de bandes quadrillées, en émaux de la famille rose. Vieux Chine.

237-238 — Huit assiettes à décor de fleurs, variées de dessin, en ancienne porcelaine de Chine.

239 — Deux compotiers à décor de figures de femmes, en émaux de couleur ; les chutes sont gaufrées en forme de fleurs. Vieux Chine.

240 — Très grand plat rond, à décor de dragons sur les flots, en émaux de couleurs.

241 — Deux pièces : fromagère et assiette décorées, en bleu, de fleurs et d'arabesques. Delft.

242 — Assiette en porcelaine tendre, émaillée gros bleu, et d'un riche décor à rosace rayonnante et bordure en

or, avec points d'émail simulant des turquoises et des rubis.

243-244 — Deux grands plats ronds, à décor de tulipes et d'œillets, en émaux de couleurs sur fond blanc. Ancienne faïence de Rhodes.

245-246 — Deux plats de Rhodes, plus petits, et d'un décor analogue.

247-248 — Deux autres.

249-250 — Deux plats en faïence de Th. Deck, à décor polychrome de fleurs et d'arabesques, dans le style persan.

251 — Grand plat rond en faïence, de Th. Deck, décoré en émaux de couleurs, dans le style persan.

252-253 — Deux statues en bois sculpté, peint et doré : Saint Georges et saint Michel. XVIIe siècle.

Haut., 1 m. 30 cent.

254 — Deux petits plats en émail cloisonné de la Chine, à rosace, rinceaux et arabesques en couleurs, sur fond bleu.

255 — Très grand plat rond en cuivre repoussé, à décor d'ornements Renaissance, rehaussés d'émaux.

256 — Surtout de table en bronze argenté, à figurine de Cupidon, avec trois jardinières.

257 — Service a bière : canette et six chopes en verre topaze à piédouches et montures en étain, style Renaissance, et un plateau ovale à fond de glace étamée.

258 — Douze couteaux à manches japonais et un rond de serviette en émail cloisonné.

259 — Coupe couverte en porcelaine de Sèvres fond mauve et décor Renaissance, en émail blanc et dorure.

260 — Service a thé en porcelaine de Sèvres, 1881, fond gros bleu marbré et décor en dorure.

261 — Service a café japonais, à joli décor polychrome : oiseaux et paysage.

262 — Plusieurs lots de tasses et soucoupes variées de décor, en porcelaine de Saxe.

263 — Service de table, à décor d'oiseaux multicolores dans le goût japonais.

264 — Autre, décoré en bleu : les fables de La Fontaine.

265 — Service de table en cristal, avec chiffre R. B., en dorure.

266 — Service de table en cristal taillé à côtes obliques.

267 — Services a liqueurs en verrerie, carafes de Bohême, etc.

ARGENTERIE

268 — Petit service : moutardier et quatre salières avec leurs pelles en argent, en forme de glands de chêne, avec pieds figurés par les feuilles, intérieur doré. Orfèvrerie anglaise.

269-270 — Deux plats longs en deux dimensions, à bords contournés et moulures style Louis XV, chiffrés R. B.; de la maison *Odiot*.

271 à 274 — Quatre plats ronds, de même modèle et en deux dimensions; de chez *Odiot*.

275 — Légumier à deux anses, double fond et couvercle surmonté d'un chou-fleur, style Louis XV; de chez *Odiot*.

276 — Saucière de style Louis XV, avec double fond et plateau, chiffre R. B., de chez *Odiot*.

277 — Belle cafetière côtelée en spirale, avec cartouche en relief sous le déversoir, couvercle surmonté d'une graine, anse à coquilles et feuillages, style Régence, de chez *Lefebvre*, à Paris.

278 — Cafetière style Louis XV côtelée, élevée sur quatre pieds et ornée d'acanthes. Un fruit forme le bouton du couvercle; anse en bois.

279 — Huilier Louis XV à six places, gaines à ruban,

plateau lobé à moulure, flacons en cristal gravé; de chez *Odiot*.

280 — Corbeille en argent, à rinceaux et feuilles en relief et branches de fleurs gravées en creux; de chez *Odiot*.

281 — Petit plateau à bords contournés en argent ciselé, d'un charmant modèle, à branches de fleurs, rinceaux et rocailles. Style Louis XV.

282 — Casserole en argent, à cartouche gravé au chiffre R. B.; manche en bois.

283 — Tasse et son présentoir, lobés et à ornements gravés. Vermeil.

284 — Timbale à anse, en argent gravé au chiffre R. B.; intérieur doré.

285 — Petit moulin a poivre, en argent.

286 — Deux salières doubles, argent, forme baignoire avec tiges composées d'un chiffre ajouré. Style Louis XV.

287 — Deux salières en vermeil, ayant la forme de boîtes à sel, couvertes d'ornements et d'inscriptions gravés, avec pelles. Orfèvrerie russe.

288 — Deux salières en forme de chapeaux, avec pelles. Orfèvrerie anglaise.

289 — Six petites salières carrées, élevées sur boules; intérieur doré. Argenterie anglaise.

290 — Porc-épic porte-cure-dents en argent.

291 — Trois ronds de serviettes, argent gravé.

292 — Grand vidrecome à anse, à cartouche encadré de plantes gravées. Intérieur doré.

293 — Aiguière en forme de perroquet : tête, queue et pattes en argent ciselé, corps en cristal incolore. Orfèvrerie anglaise.

294 — Carafon a liqueurs en cristal, avec col, couvercle et anse formés de plantes aquatiques en argent, de chez *Leuchars*.

295 — Canette en cristal montée en argent; couvercle surmonté d'un lion.

296 — Deux gobelets en argent, élevés sur piédouches; prix de tir. Intérieur doré.

297 — Grande aiguière de forme élancée, en argent uni, avec anse et couvercle décorés de pampres en relief. Orfèvrerie anglaise.

298 — Deux gobelets en cristal à facettes et leur présentoir en argent guilloché en manière de vannerie.

299 — Petite coupe-jardinière ovale à deux anses et

quatre pieds en argent repoussé, à rocailles et feuilles. Orfèvrerie allemande.

300 — AUTRE, plus petite, à pourtour décoré d'une guirlande.

301 — PETIT SEAU en forme de marmite, à rocailles et fleurs repoussées.

302 — PANIER en filigrane d'argent. Travail génois.

303 — PLATEAU ET NEUF ZARFS ou porte-tasses en filigrane d'argent.

304 — POT A CRÈME ET SUCRIER en porcelaine de Wedgwood côtelée à décor de fleurs en bleu, rose et or ; monture en vermeil ; plus une pince à sucre aussi en vermeil.

305 — SERVICE A HORS-D'ŒUVRE : quatre pièces argent style Louis XVI, deux cuillères à saupoudrer, une truelle, une fourchette.

306 — SERVICE A THÉ en vermeil : douze cuillères, pelle à thé, passoire et pince à sucre.

307 — SERVICE DE TABLE en argent à filets, chiffré R. B. composé de :

Dix-huit cuillères à soupe, trente-six fourchettes ;
Dix-sept cuillères à entremets, dix-huit fourchettes ;
Trente-six couteaux de table, dix-huit couteaux à dessert, lames acier et dix-huit à lames d'argent, douze

cuillères à café, douze fourchettes à huîtres, un couteau à découper, deux cuillères à sauce, une à compote, une à saupoudrer, une pince à asperges, une louche, une truelle, un couvert à salade.

308 — Six cuillères et cinq fourchettes argent, forme Louis XV, à filets.

309 — Cuillère vermeil, à manche tors.

310 — Six cuillères gravées et dorées. Orfèvrerie russe.

311 — Six autres plus petites.

312 — Trois petites cuillères vermeil, à manches tors.

313 — Huit cuillères a café à manches contournés.

314 — Trois pièces vermeil : pince à sucre, pelle et passoire à thé.

315 — Truelle argent et couteau à découper.

316 — Service a liqueurs : plateau long à bords contournés avec coins à feuilles et coquilles en argent fondu et ciselé, quatre carafes en cristal côtelé à goulots et couvercles d'argent, style Louis XV, douze gobelets à côtes en spirale en cristal.

PLAQUÉ, RUOLZ

317 — Grand plateau à deux anses, fond guilloché et chiffré, bords festonnés à moulures et feuilles. Style Louis XV.

318 — Plateau ovale à deux anses, décor de guirlandes et d'entrelacs gravés. Style Louis XVI.

319 — Quatre pièces côtelées et gravées : théière, cafetière, sucrier, pot à crème.

320 — Deux petits plateaux.

321 — Quatre pièces : sucrier, pot à crème, brosse et ramasse-miettes, à stries et semé d'étoiles. Style Louis XVI.

322 — Orfèvrerie de Christofle : dessous de carafes, porte-couteaux, corbeille, moulin à poivre, etc., etc.

DEUXIÈME ÉTAGE

CHAMBRE A COUCHER CRETONNE

323 — Pendule, fût de colonne cannelée en bronze doré, style Louis XVI, supportant une statuette en bronze : le Charmeur de serpents, de *Arthur Bourgeois*.

Haut., 88 cent.

324 — Deux girandoles style Louis XVI, en bronze doré, enrichies de cordons de perles et de pendeloques en cristal de roche.

325 — Deux chenets en bronze de style Louis XVI, modèle à vases enguirlandés, pilastres cannelés et figurines d'amours forgerons.

326 — Deux appliques à trois lumières, bronze et faïence décorés.

327 — Deux flambeaux en cuivre. Style Louis XIII.

328 — Encrier en bronze.

329 — Tableau : Portrait d'enfant, école moderne.

330 — Grande armoire d'ordonnance architecturale en palissandre à mascarons et cartouches, ouvrant à trois portes vitrées, encadrées de colonnettes d'ordre ionique supportant un entablement que surmonte un fronton cintré flanqué d'une galerie à vases.

Haut., 3 mètres ; larg., 2 m. 15 cent.

331 — Grande toilette en noyer à filets or, décorée sur la façade de huit colonnettes ; dessus en marbre rouge veiné de blanc.

332 — Bureau ministre en palissandre avec corps supérieur à tiroirs.

333 — Deux chaises style Renaissance en noyer, recouvertes en tapisserie au point.

334 — Fauteuil confortable en drap gris jaunâtre, décoré de palmes et d'ornements de style oriental en applications de velours.

335 — Grand lit capitonné en cretonne écrue à festons de fleurs imprimés en couleurs.

336 — Rideaux de lit et baldaquin en cretonne pareille à celle du lit, doublés en satinette bleue.

337 — Deux portières et deux rideaux de croisée en même cretonne.

338 — Rideau en soie brochée bleu pâle.

339 — Deux chauffeuses en cretonne capitonnée, avec franges.

340 — Table de nuit ovale à pieds cambrés, recouverte de peluche bleue drapée et garnie de franges assorties.

341 — Tapis d'Orient, fond rouge et bordure fond bleu clair.

GRANDE CHAMBRE A COUCHER

342 — Belle tapisserie de l'époque Louis XV, offrant une charmante composition empruntée aux maîtres

du XVIIIe siècle; à droite, un concert champêtre, groupe de sept figures costumées à la Watteau et faisant de la musique dans un parc ; à gauche, auprès d'une fontaine monumentale, un jeune homme offre des fleurs à deux bergères.

Haut., 2 m. 95 cent.; larg., 4 m. 25 cent.

343 — Tapisserie analogue à la précédente, représentant une danse villageoise. Deux couples dansent ; à gauche, un tambourinaire sous les arbres. Fonds de paysage boisé avec villages sur les coteaux.

Haut., 2 m. 95 cent.; larg., 2 m. 20 cent.

344 — Portière en tapisserie du XVIIe siècle : paysage avec bordure formée d'une guirlande de fleurs et de fruits ressortant sur un fond jaune.

Haut., 2 m. 95 cent.; larg., 1 m. 5 cent.

345-346 — Deux portières composées chacune d'un tapis en mosaïque de draps de couleurs de Recht et de bandes de peluche mordorée.

Haut., 3 m. 20 cent.

347 — Décoration d'une cheminée en velours et broderies anciennes, composée de :

1° Un large bandeau de velours pourpre, couvert de rinceaux fleuris en broderie de soies et d'argent, de la Renaissance ;

2° Deux montants revêtus de velours grenat et offrant chacun deux petits tableaux finement exécutés en broderie de soies au passé ;

3° Deux pilastres dressés sur les côtés de la glace, tendus de velours grenat et ornés chacun de trois figures réappliquées en broderie de soies au passé, de l'époque Louis XIII : Pharaon, Ptolémée, Antiope, Artémise, etc.;

4° Le bandeau, au-dessus de la glace, en velours rouge orné de guirlandes en broderie d'argent.

Haut., 3 m. 35 cent.; larg., 2 m. 10 cent.

348 — Pendule en forme de temple, à fronton cintré et colonnes torses, en faïence artistique, *d'Ulysse, à Blois*, à décor polychrome : le Temps et les Saisons. Socle en velours.

349 — Deux candélabres, style Renaissance, à décor polychrome, en faïence, *d'Ulysse, à Blois*.

350 — Deux flambeaux analogues.

351 — Deux vases en forme d'urne, à ornements polychromes, de style Renaissance, par *Ulysse, à Blois*.

352 — Petit miroir dans un encadrement, à figures et feuillages en faïence, à décor polychrome.

353 — Plat ovale en terre émaillée, à figures de Néréides en bas-relief.

354 — Écran de cheminée à monture de noyer sculpté couronnée d'une fleur de lis entre deux rinceaux symétriques et feuille en tapisserie au point du XVIIe

siècle, à petites figures et ornements de couleurs sur fond noir.

Haut., 1 m. 22 cent.; larg., 75 cent.

355 — Soufflet en noyer sculpté, de style Renaissance, bout en bronze figuré par un dragon.

356 — Deux jardinières, potiches surbaissées en émail cloisonné du Japon, à fleurs et ornements en couleurs sur fond noir.

357 — Petit lustre à six lumières, en étain, de style flamand.

358 — Petit coffre en bois de chêne sculpté, offrant sur la façade en bas-relief plusieurs sujets tirés de l'Ancien Testament; travail allemand du XVIIe siècle. Le couvercle est orné d'une bande d'ancienne tapisserie.

Long., 88 cent.

359 — Table en noyer, de style Renaissance, supportée par quatre griffons adossés à des piliers cannelés sur une entretoise à arcature.

360 — Tapis à rinceaux et fleurs brodés en soies multicolores et appliqués sur drap rouge, époque Louis XIII. Il est bordé d'une frange de soies à grille.

361 — Bureau en noyer, de style Renaissance, composé de bas-reliefs et de cariatides anciens; il est surmonté d'une glace à cariatides adossées aux montants sup-

portant une frise cintrée représentant en bas-relief des scènes de chasse. Sur cette frise sont posées quatre figurines en bronze de personnages de la comédie italienne.

Haut., 1 m. 90 cent.; larg., 1 m. 15 cent.

362 — Jeu de quatre petites tables (gygogne) en palissandre.

363 — Tapis en tapisserie au point, fond bleu avec bordure au point de Hongrie; il est garni de franges.

364 — Grand fauteuil style Renaissance, en noyer sculpté, à accoudoirs se terminant en têtes de bélier; il est recouvert de velours grenat, à motifs de fleurs brodés en soies et ornements en applications de velours vert.

365 — Deux fauteuils à dossiers bas, en noyer sculpté, style Renaissance; accoudoirs se terminant en têtes humaines. Sièges en ancienne tapisserie au point.

366 — Coussin de peluche mordorée, ornée d'une tapisserie au petit point, à personnages sur fond blanc, datant de l'époque Louis XIV.

367 — Chaise longue en velours marron capitonné, garnie de franges.

368 — Autre chaise longue, plus petite et en deux parties, capitonnée de velours marron.

369 — Deux grands fauteuils confortables, en velours marron capitonné.

370 — Grand lit de milieu, à godrons et ornements de style Louis XIII, avec panneaux anciens en bois sculpté; bas-relief à armoirie formant le pied de lit et couronnement à grosses fleurs sculptées à jour, sur le chevet, flanqué de deux colonnes ornées supportant le baldaquin. Courtines, fond et ciel de lit en peluche mordorée. Lambrequin en broderie Louis XIII, tour de lit ou gouttière, en velours rouge décoré d'anciennes broderies d'argent, guirlandes, festons et rubans.

Haut., 3 m. 45 cent.; long., 2 m. 35 cent.; larg., 1 m. 90 cent.

371 — Couvre-lit Louis XIII à grands rinceaux fleuris, brodés en soies de couleurs sur fond crème.

372 — Table de nuit en noyer sculpté, à rinceaux, cariatides et retombées de fruits. Style Louis XIII.

373 — Petit tapis d'ancienne soie brochée, fond bleu, bordé d'une frange à grilles de couleurs.

374 — Quatre rideaux de croisée en peluche mordorée, avec cordelières à glands.

Haut., 3 m. 20 cent.;

375 — Deux lambrequins, au-dessus des rideaux qui précèdent, en tapisserie du XVIe siècle, à petits personnages et feuillages sur fond blanc.

Larg., 2 m. 40 cent.

376 — Bandeau (au-dessus de la glace entre les croisées), en peluche, décoré d'applications d'ancienne tapisserie au point.

Long., 1 m. 70 cent.

377 — Deux stores en soie blanche.

378 — Tapis d'Orient, haute laine, à dessins de couleurs sur fond rouge, avec bordure à fond bleu et entourage noir.

Long., 5 m. 20 cent.; larg., 4 m. 25 cent.

BIJOUX

379 — Deux boucles d'oreilles formées chacune d'une perle fine avec petit brillant au-dessus. Monture en or.

380 — Deux boucles d'oreilles formées chacune d'un fort et beau brillant solitaire avec rose au-dessus. Monture en or.

381 — Deux boucles d'oreilles formées chacune d'un saphir entouré d'un rang de brillants. Monture en or.

382 — Deux boucles d'oreilles formées chacune d'une turquoise entourée d'un rang de brillants. Monture en or.

383 — Deux boucles d'oreilles formées chacune d'une

colombe aux ailes éployées et de feuilles, le tout exécuté en brillants. Monture en or.

384 — Bracelet en or, avec chaton ovale formé d'un rubis de Ceylan entouré d'un rang de brillants. Le corps du bracelet est en partie incrusté de diamants.

385 — Bracelet en or avec chaton formé d'une perle fine placée entre deux groupes de trois brillants.

386 — Bracelet jonc en or avec saphir chatoyant de forme conique, monté entre deux brillants.

387 à 389 — Trois bracelets d'or enrichis, l'un de quinze saphirs et de roses, le second de quinze brillants et de roses; le dernier, de quinze rubis et de roses. Les pierres qui décorent ces trois bracelets offrent, étant réunies, les couleurs nationales.

390 — Bracelet gourmette en or, enrichi d'un saphir placé entre deux brillants.

391 — Bracelet en or, avec plaque formée d'une turquoise entourée d'un rang de brillants. Le corps du bracelet (à droite et à gauche de la plaque) est aussi enrichi de diamants.

392 — Jeu de sept cercles d'or formant bracelet, enrichis chacun d'une perle ou d'une pierre fine, saphir, rubis, turquoise et brillants.

393 — Bracelet jonc en or, avec parties ciselées et repercées à jour, servant d'attaches à deux grenats entourés de feuilles exécutées en roses.

394 — Bracelet en or, enrichi d'une tête de hibou aussi en or, et dont les yeux sont formés chacun d'un brillant.

395 — Bracelet formé d'une chainette d'or, avec boules incrustées de rubis, de brillants et de saphirs, et garni de pendeloques dont l'une est formée d'une perle poire et l'autre sphérique est pavée de brillants et de roses.

396 — Broche formée d'une colombe aux ailes éployées entièrement pavée de brillants. Les yeux sont ornés de petits rubis. Monture en or.

397 — Broche en forme de trèfle incrusté de trois saphirs et de brillants. Monture en or.

398 — Broche en forme de coquille, pavée de brillants et surmontée d'un motif d'ornements aussi exécuté en diamants, auquel sont appendus un brillant et une perle poire formant pendeloque.

399 — Broche formée d'un as de pique pavé de brillants, avec belle perle grise au centre. Monture en or.

400 — Broche formée d'une turquoise entourée de dix beaux brillants. Monture en or.

401 — Broche en forme de crabe, exécuté en roses, avec perle au centre. Monture en or.

402 — Broche formée d'une tête de griffon exécutée en roses et dont les yeux sont incrustés de sardoines. Monture en or.

403 — Broche en forme de croissant, composé d'un rang de saphirs, d'un rang de brillants et d'un rang de rubis représentant les couleurs nationales. Monture en or.

404 — Broche en forme d'insecte dit demoiselle, exécutée en or, et incrustée d'émeraudes et de diamants.

405 — Petite broche en forme de fer à cheval, en or incrusté de trois brillants, deux saphirs, une émeraude et un rubis.

406 — Broche en forme de mandoline, en or, et enrichie de deux perles fines, de rubis et de roses.

407 — Demi-parure composée d'une broche et de deux pendants d'oreilles. Chacune de ces pièces est formée d'une tête de hibou en or, dont les yeux sont ornés de brillants.

408 — Broche formée d'une tête de hibou en or, dont les yeux sont formés de pierres chatoyantes entourées de roses. Trois anneaux d'or, l'un d'eux formant porte-mousqueton, sont retenus dans le bec de l'oiseau.

409 — Petite broche formée d'une pensée exécutée en or et enrichie de rubis, de saphirs, de brillants et de roses.

410 — Broche analogue à celle qui précède. Celle-ci est incrustée de saphirs, de brillants et de roses.

411 — Bague ornée d'un brillant placé entre deux perles fines; monture en or.

412 — Bague d'or avec chaton ovale formé d'une turquoise entourée d'un rang de brillants.

413 à 415 — Trois bagues d'or enrichies, l'une, de cinq saphirs avec entredeux en roses; la seconde, de cinq brillants et de roses, et, la dernière, de cinq rubis, aussi avec entredeux en roses. Le groupement de ces trois nuances de pierres forme les couleurs nationales.

416 — Petite montre de dame, à remontoir, en or, avec cuvette et belière pavées de brillants.

417 — Montre de dame, à remontoir, en or, dont la cuvette porte les lettres R. B. exécutées en roses.

418 — Montre de dame, à remontoir, en or. La cuvette présente une lyre gravée entre deux palmes rehaussées d'émail noir et incrustée de roses.

419 — Crochet porte-montre composé d'ornements en or ciselé et ajourés, avec plaque ornée d'un grenat

cabochon ovale et enrichi de palmettes et d'ornements exécutés en roses.

420 — Montre placée dans une sphère en or, avec rang de petits brillants au pourtour.

421 — Peigne d'écaille surmonté d'un rang de vingt brillants.

422 — Deux épingles doubles en écaille blonde, arrondies à leur extrémité supérieure et enrichies chacune d'un rang de quinze brillants.

423 — Épingle de coiffure en forme de fleur, avec saphir au centre, entouré d'un rang de brillants; monture en or.

424 — Épingle de coiffure en or, avec tête formée d'un croissant exécuté en roses.

425 — Agrafe de ceinture de forme rectangulaire, ornée d'un gros grenat cabochon de forme ovale, se détachant sur un fond pavé de roses ; monture en or.

426 — Deux boutons de manchettes accompagnant l'agrafe qui précède, et composés chacun d'un grenat cabochon entouré d'un double rang de roses.

427 — Deux boutons de manchettes formés chacun d'un masque en or, avec yeux en brillants.

428 — Boucle de ceinture en forme de fer à cheval,

pavé de brillants et de roses et enrichi de sept rubis; monture en or.

429 — Chaîne de dame en or et perles fines, garnie d'un porte-mine aussi en or, avec rang de demi-perles.

430 — Deux boutons de manchettes en forme de fer à cheval en or et incrustés de rubis et de brillants.

431 — Petite bourse à maillons d'or, avec fermoir aussi en or, et incrusté de feuillages exécutés en roses.

432 — Éventail en nacre gravée et repercée à jour avec chiffre (RB), exécuté en brillants et roses et feuille de gaze noire décorée d'une jolie peinture en couleurs avec encadrement de dentelle blanche.

433 — Éventail en écaille brune avec chiffre (RB), exécuté en roses et feuille en dentelle noire de Chantilly.

434 — Éventail en écaille blonde avec chiffre (RB), exécuté en roses et plumes d'autruche.

435 — Grand éventail avec monture en burgau et feuille de soie bleu clair signée Torez, et représentant une course de taureaux.

436 — Éventail avec monture de nacre, dont les montants sont décorés de branches de fleurs rapportées en nacre de diverses nuances et finement sculptées en relief. La feuille de soie havane est signée Henri et représente un bouquet de fleurs.

437 — Éventail en écaille et plumes d'autruche noires.

438 — Éventail en écaille et plumes de poules d'Inde.

439 — Éventail en écaille et plumes de queue de paon.

440 — Éventail en écaille blonde avec chiffre (RB), exécuté en brillants et feuille de dentelle blanche.

441 — Éventail en écaille et plumes d'autruche blanches.

442 — Éventail en écaille et plumes d'autruche grises.

GRAND CABINET DE TOILETTE

443 — Belle tapisserie du XVIe siècle : Berger et Bergère vêtus à l'antique, entourés de moutons et de chèvres, dans un parc avec fontaines, cours d'eau, tonnelles, habitations rustiques, etc.

Haut., 2 m. 55 cent.; larg., 2 m. 25 cent.

444 — Pendule a cage en bronze doré, cantonnée de pilastres cannelés et surmontée d'un vase, de style Louis XVI ; cadran émaillé au nom de Barbedienne, à Paris.

445 — Deux flambeaux à deux lumières chaque en bronze doré, de style Louis XVI.

446 — Galerie de foyer en bronze oxydé et doré. Style néo-grec.

447 — Petit lustre-jardinière, à six lumières, bronze et faïence décorée.

448 — Piano droit en palissandre de *Pleyel*, n° 73080.

449 — Petit bureau, style Renaissance, en noyer sculpté, piètement à colonnes cannelées et entretoise. Dessus en drap vert.

450 — Coffre-fort de Fichet simulant un chiffonnier de palissandre et thuya, à dessus de marbre blanc.

451 — Chaise longue et deux chauffeuses recouvertes en peluche vert mousse capitonnée, garnie de franges, mousse et vieux rose.

452 — Deux grandes portières et deux rideaux de croisée et un bandeau en damas broché, laine et soie, vieux rose.

453 — Grande table de toilette recouverte de guipure sur satin rose.

454 — Porte-serviettes en poirier noirci.

455 — Tapis de Smyrne haute laine à dessin multicolore sur fond blanc avec large bordure à fond rouge.

Long., 4 m. 65 cent.; larg., 3 m. 45 cent.

456 — Garniture de toilette style Louis XVI, en argent guilloché avec la lettre R rapportée en or. Elle se compose de : un grand miroir, trois boîtes à poudre,

une glace à main, quatre brosses de toilette et trois brosses à habits.

457 — Deux flacons carrés, en cristal côtelé, avec garniture et bouchon capsule en argent, chiffré R. B.

458 — Nécessaire de voyage, composé d'un miroir, de boites et d'accessoires garnis en argent et chiffré R. B.

459 — Grand et beau sac de voyage avec flacons et boîtes de cristal à couvercles d'argent et chiffre R. B. rapporté, brosses, miroir à main et accessoires en écaille à chiffres d'argent, trousse et buvard, boîte à bijoux en peau, etc.

TROISIÈME ÉTAGE

SALLE DE CONCERT

460 — Orgue à double clavier indépendant et pédalier, de *Cavaillé-Coll*, à dix registres et appareil hydraulique et à main, à volonté.

Caisse en bois peint et rehauts de dorure, à tuyaux apparents et enveloppe des claviers en bois de chêne et filets dorés.

Hauteur de la caisse, 4 mètres; larg., 2 m. 85 cent.; Prof., 1 m. 40 cent.
Profondeur totale, 2 m. 87 cent.

461 — Panoplie d'instruments de musique composée de : une ancienne guitare en forme de lyre, une cithare,

une mandoline, deux ophicléides, deux trompes d'appel, deux triangles, deux cymbales, une flûte de Pan, etc.

(Cette panoplie pourra être divisée.)

462 — Panoplie d'instrumrnts de musique composée de : un ancien instrument à cordes, deux cors, deux bassons, deux tambours de basque, des cymbales, des triangles, des clairons, des flûtes, etc.

(Cette panoplie pourra être divisée.)

463 — Piano droit en palissandre de Pleyel, n° 71581.

464 — Deux casiers a musique.

465 — Nombreuses partitions.

466 — Grande et magnifique tapisserie de la Renaissance, composée de cinquante personnages, grandeur nature, portant de somptueux costumes du milieu du xvie siècle. Les divers sujets représentés en trois scènes principales semblent empruntés à un roman de chevalerie; l'attention des personnages se porte sur un petit enfant que des femmes ont apporté dans une cassette. Bordure étroite formée d'un feston de fleurs et de grappes de raisin ressortant sur un fond noir.

Haut., 3 m. 30 cent.; larg., 6 m. 50 cent.

467 — Écran en fer forgé, sur pied en fonte, de style Renaissance, tendu d'un rectangle de velours rouge, à armoiries et rinceaux en broderie. Louis XIII.

468 — DEUX VASES en faïence de Deck, à couverte bleu flambé.

469 — DEUX LANDIERS gothiques en fonte.

470 — GROUPE en bois sculpté et peint : Saint Georges et saint Roch. XVIIe siècle.

471 — PANNEAU en bois sculpté : trophée d'instruments de musique, dans un cadre à perles et feuilles d'eau.

472-473 — DEUX LUSTRES en cuivre, de style flamand, à seize lumières chaque, accotées sur une tige avec boule en dessous. Ils sont aménagés pour l'éclairage au gaz.

474 — QUATRE APPLIQUES A GAZ, de style flamand, à sept lumières chacune.

475 à 477 — TROIS BUSTES en terre cuite : Halévy, Rossini, Meyerber.

478 à 480 — TROIS CONSOLES-APPLIQUES en chêne, relevées d'or.

481 — FAUTEUIL style Louis XIII en noyer, à accoudoirs se terminant en têtes humaines; il est recouvert de velours marron, et le dossier est orné d'un carré en tapisserie de la Renaissance : masque féminin.

482 — AMEUBLEMENT en velours vert frappé, composé de : quatre divans accompagnés chacun de trois coussins,

une banquette à dossier, deux grands fauteuils et huit chaises en bois noir.

483 — Six rideaux de croisée en même velours que celui des sièges qui précédent.

Haut., 3 m. 65 cent.

LINGERIE

484 — Lit, armoire a deux portes a glaces et table de nuit, style Louis XVI, laqués blanc et rechampis bleu.

485 — Pouf recouvert d'une tapisserie au point, à dragon et rinceaux, et garni de franges.

486 — Pendule en onyx d'Algérie, surmontée d'une coupe en bronze.

487 — Mobilier courant, etc.

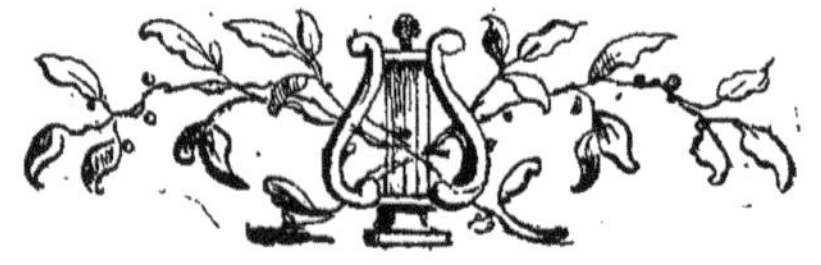

www.ingramcontent.com/pod-product-compliance
Ingram Content Group UK Ltd.
Pitfield, Milton Keynes, MK11 3LW, UK
UKHW020420180726
13839UKWH00003B/1355

9 782329 514604